U0000192

中東和南亞

國家是怎樣煉成的

三分鐘看懂漫畫世界史

賽雷/著

既是左右為難，也是左右逢源

《非普通三國：寫給年輕人看的三國史》作者　普通人

　　身為一個三國歷史的愛好者，閒暇之餘打開三國題材的電玩遊戲做為消遣可說是合情合理，也很合乎邏輯。

　　剛開始不免會先使用曹操、孫權等人才濟濟又兵強馬壯的群雄當作暖身，等到逐漸熟悉系統操作後，則會選擇資源貧瘠、麾下武將素質又不怎麼樣的君主，享受舉步維艱的自虐快感。

　　我認為其中遊玩難度最高的群雄有兩位，一位是盤據宛城的軍閥張繡，另一位則是深耕漢中的五斗米道教主張魯。原因在於他們的國力相當弱小，但領土卻落在極為重要的「衢地」上。

　　衢地，指的就是各國交界、四通八達的所在。張繡所在的宛城位於當時東漢帝國版圖的中央，東南西北皆有可能面臨敵人襲擊，因此歷史上的曹操三番兩次想要拿下宛城，在戰爭中也失去了長子曹昂和愛將典韋。曹魏時期，宛城成了攻略南方孫吳的軍事重鎮。

　　至於張魯治理的漢中更是不在話下，做

為四川盆地通往關中平原的重要節點，蜀漢丞相諸葛亮長期駐兵於此，發動一次又一次的壯烈北伐。

在賽雷老師的《國家是怎樣煉成的》續作中，有別於上次的「大國崛起」，這次所介紹的國家絕大部分都處於如同宛城、漢中的「衢地」，也意味著這些國家都必須面對「兩大之間難為小」的險惡處境。

我們在本書中可以看到一些國家的生存智慧，使他們得以化危機為轉機，從而走向繁榮，例如中東的以色列和印度洋的模里西斯；反之也可以看到一些國家曾經強盛，但錯失轉型良機而淪為明日黃花，例如歐亞交界的土耳其和南歐的西班牙。

此外，有些國家的現況難以用強盛或衰敗來單純論斷，他們在因緣際會下找出一條活路，像是資源匱乏的沙烏地阿拉伯，靠著石油富得流油；位處喜馬拉雅山麓的不丹，擁有自己的一套處世哲學而怡然自得；領土小得不像話的梵蒂岡，憑藉天主教信仰影響著全世界將近五分之一的人類。

我們既能從中領略到智慧，也從中凝視著愚蠢；既能欣賞他們如何突破周遭強敵的桎梏、活出自我，也見證他們如何被命運作弄，至今仍困在泥沼中裹足不前。

看看別人，想想自己，臺灣何嘗不是處於前有豺狼、後有虎豹的困境呢？位在東亞樞紐的蕞爾小島，在歷史的因緣際會下而有了今時今日的樣貌，不僅要一邊消化著身分認同的混亂，還得一邊時刻提防周遭的善意與惡意。

這次的《國家是怎樣煉成的》，比起前作更有一種世事難料的驚嘆，就像一齣又一齣的警世劇場，讀著讀著不禁萬般滋味湧上心頭啊！

深入淺出的歷史懶人包

鄉民推爆網路人氣說書人 **黑貓老師**

　　歷史這兩個字，也許對很多人而言只是考試的一個科目，充滿一堆需要死背的名詞和年分，但其實歷史就是人類在地球上發生過的故事，也就是因為有了這些事情發生，人類才能發展出文明和文化。

　　所有文化都有各自迷人的歷史故事，不論是政治、種族、科技、經濟，還是文學的發展，都和這些故事息息相關，所以如果一個人想要訓練自己獨立思考的能力，拓展自己的視野與國際觀，讀歷史就是一個最棒的方法。

　　然而，要好好地鑽研歷史，卻是一件非常困難的事。因為翻閱歷史文件與資料往往需要耗費大量的時間。就算是閱讀專家、學者們整理好脈絡的書籍，也常常因為考據與用詞，導致敘述方式冗長而乏味，增加了閱讀上的難度，使得現代人在忙碌的生活節奏中，愈來愈少人能找到空閒，坐下來靜靜地讀完一本又一本像磚頭般厚重的歷史書……

　　但這並不代表人們失去了追求知識的心，有時候，人們只是缺了那麼一點的時間，或是缺了那麼一點的動機。

於是，我們這種說書人就跟著登場了，我們扮演的角色就像是歷史故事的敲門磚，把冗長的史料去蕪存菁，快又有效率地把人們最想知道的事、人們最需要知道的事件都整理成重點，幫各位打好知識的基礎，點燃火苗，讓大家更有興趣去研究歷史，並從前人寶貴的經驗中學習、改進，最後才能寫下更精彩的歷史。

《國家是怎麼煉成的》就是這樣子的書，又爆笑、又療癒、又能學知識，還可以省時間。不但是懶人包，更是一部精華剪輯，書中用可愛又有趣的漫畫，配上幽默的敘述與補充，只要短短的幾分鐘，就深入淺出地介紹了一個國家，閱讀起來毫不費力，卻又能讓人印象深刻，讓每個讀者都能馬上了解這些國家建國時所發生的酸甜苦辣。

而且，通常一本書能再版，肯定就是因為內容夠優秀；而能出續集，更證明這套書精彩實用。《國家是怎麼煉成的》前三集已經介紹了歐洲、美洲和亞洲的大國家了，這次出版的兩集，除了繼續補完歐、美其他國家的建國史，還會介紹紛紛擾擾的中東與南亞，以及歐美各強權博弈下扮演關鍵角色的國家，不論是什麼樣的年齡層都能愛上，讓你手不釋卷，一翻開書就欲罷不能！

前 言

　　以色列人口不多，為什麼可以拿這麼多諾貝爾獎？到底是歐洲還是亞洲？土耳其你搞得我好亂啊！怎麼可能，戰亂頻傳的伊拉克曾經是文明古國？沙烏地阿拉伯人養的寵物居然是獅子、老虎和獵豹？佛系國家不丹為什麼要創造「國民幸福總值」呢？巴基斯坦和中國居然是親兄弟……

　　微信百萬粉絲作者、知乎十萬粉絲大V「賽雷三分鐘」，用生動幽默的漫畫帶給大家最爆笑易懂的歷史故事。本系列涵蓋世界各國從古至今的發展史，讓你在歡笑聲中，輕輕鬆鬆熟悉國家的起源，是你了解世界歷史的不二選擇。

目錄

CONTENTS

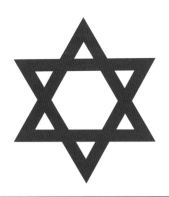

1

以色列
Israel

說起猶太人，大部分人想到的可能都是「二戰」時納粹德國的惡行……

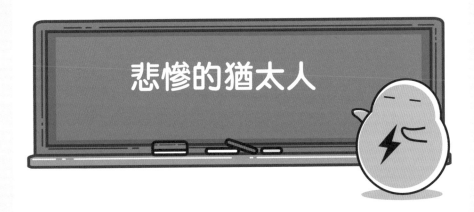

悲慘的猶太人

在希特勒的帶領下，德國納粹把猶太人抓進集中營做人體實驗，逼他們做苦力。這些醜事，大家多多少少都聽說過。

但是大家可能不知道，迫害猶太人並不是納粹德國的首創，歐洲大多數的國家早在二千年前就做過了。

從二千多年前算起，猶太人在歐洲就一直不受歡迎，長年被鄙視，隔三差五被屠殺，真是「過街老鼠，人人喊打」。

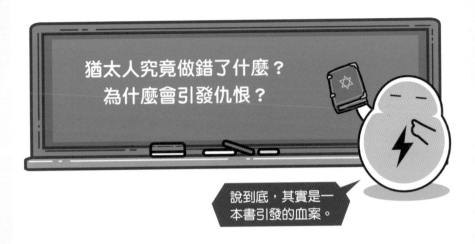

猶太人究竟做錯了什麼？
為什麼會引發仇恨？

說到底，其實是一
本書引發的血案。

很久很久以前，猶太人只是一幫普通的游牧民，建了一個很普通的小王
國，叫「古以色列」。

以後這就是我們的小家，
再也不用漂泊了！

他們寫了一本很特別的書，叫做《塔納赫》，它還有個更響亮的名字——《希伯來聖經》，也稱《舊約聖經》。

往後，這本書就是世上唯一的真理！

《希伯來聖經》裡的內容，寫的全是猶太人的祖先如何受到耶和華恩寵，又如何借耶和華之力打敗敵人……

哦……耶和華！

啊……孩子！

根據書中的描述，猶太人的祖先與天使進行摔跤，因此被耶和華賜名「以色列」，意為「與神角力」。

在我們看來，這些故事就和女媧造人一樣是虛構的。

但是猶太人卻百分之百相信這些神話故事，堅信自己就是耶和華的寵兒，於是整天除了捧著這些書讀外，就是去膜拜耶和華，膜拜完再回來讀……

我先走了啊！趕著膜拜耶和華呢！我要讓耶和華多愛我一點！

別！別！我馬上讀完了！一起去膜拜耶和華啊！

猶太人為此還花十年建了一個膜拜耶和華用的大房子，叫做「所羅門聖殿」。

所羅門聖殿

可能因為時間都用來拜神了，沒功夫練打架，所以古以色列被各路強敵壓在地上狠揍，希臘人、羅馬人都曾經當過他的主子。

猶太人一開始認輸示弱，他們覺得伺候誰都無所謂，只要讓他們膜拜耶和華，日子就還能湊合著過。

別的都沒關係，只要我還有您，我的耶和華啊……

結果希臘人和羅馬人都相中了所羅門聖殿，想把自己的神搬進去供著，這讓猶太人忍無可忍了！

再……堅持一下就到了！

這樣好看多了吧！

該死的羅馬人！竟敢用裸女換掉我們的神像！我要和你們拚了！

猶太人這次真的怒了，誓死要趕走侵略者。他們不屈不撓，來來回回進行多次起義。

你這個書呆子有完沒完？你不怕痛，我揍你還累呢！

呵呵……

識相點認輸，早點回家還能吃宵夜！

最後羅馬人派了大軍過來，殺掉幾十萬猶太人，被賣掉當奴隸的更是不計其數。還一把火燒了所羅門聖殿，讓猶太人沒神可拜。

這場浩劫過後，倖存的猶太人覺得這個地方已經無法待了，大家趕緊逃離吧。

於是很多猶太人逃到歐洲，他們意外發現歐洲人居然也開始信仰耶和華了。

中東和南亞

猶太人本來很開心，終於不用因為信仰挨揍，但他們馬上就發現問題——大家的神話故事版本不同！

猶太人只認自己寫的《舊約聖經》，但是歐洲人不僅看《舊約聖經》，還編出了一本續集，稱為《新約聖經》，並且加入自己原創的神。

說出來有點兒尷尬，這本《新約聖經》的忠實讀者，正是廣大的基督教徒……

做為《舊約聖經》的版權方，猶太人是標準的原作黨，對續集裡新加的神非常不滿意，更不會去膜拜他們，於是猶太人和歐洲人結下了梁子。

在當時的封建年代，看不起別人家的神，可是非常大的不敬，所以在歐洲基督徒眼裡，猶太人就是「異教徒」加「魔鬼」的化身。

要是發生瘟疫，一定是因為猶太人不虔誠，搞得天神生氣了；要是小孩走丟，一定是猶太人偷回去吃了。總之不管遇到什麼事，肯定都和猶太人脫不了關係。

當年流行的口號是：「幹掉一個猶太人，拯救你的靈魂！」

基督教會對異教徒處以火刑

因為有這麼大的歧視存在，所以歐洲人不准猶太人像普通人那樣耕田、當兵，也不許他們住在城裡，還逼猶太人繳額外的稅。

猶太人只能忍氣吞聲，畢竟是在別人的地盤，也不敢反抗，於是就這樣苟且偷生了將近一千多年。

其實猶太人很堅強，政府不准他們耕田，他們就改當小販，結果發揮了商業天賦，把生意愈做愈大，猶太人的生意開始遍布天下。

這小子到底賣什麼東西這麼夯？

歐洲人覺得猶太人一定是做黑心生意才能這麼賺錢，例如莎士比亞寫的《威尼斯商人》，就把猶太人描寫成陰險狡詐的高利貸商人。

歐洲那幫國家一碰上經濟危機，就說是猶太商人在背後搞鬼，號召老百姓去找他們麻煩。

其中最過分的當屬希特勒，他還未掌權時就到處發表歧視猶太人的種族主義言論。

他當上德國總理後，發起「排猶」運動，把抓到的猶太人統統送入集中營「滅絕」。僅「二戰」期間，被希特勒屠殺的猶太人就有六百萬人之多。

納粹集中營

等到希特勒被打敗時，猶太人已經受夠了折磨，千方百計要建立一個屬於自己的國家，不想再過寄宿生活了。

算了，讓我死一死吧！這諾大的世界，根本沒有我的容身之處！

猶太人的悲慘遭遇讓很多國家感覺到愧疚——畢竟在歷史上，他們都欺負過猶太人，行為也沒比納粹好到哪去。

為了把愧疚轉化為實際行動，他們在聯合國投票表決，讓猶太人回到古以色列的那塊地建國。

猶太人終於回到祖先曾經繁衍生息的土地，然而現在這裡已經有了新的居民——阿拉伯人。

聽到猶太人要回來占地盤，阿拉伯人非常生氣地表示，如果猶太人敢在這裡建國，就滅掉他們！

猶太人壓根兒懶得理他們，畢竟連希特勒這種大魔頭都見識過了，還有誰能嚇得住他們？

一九四八年五月，猶太人毅然宣布建立以色列國。

讓你囂張！

眼看自己的警告起不了作用，憤怒的阿拉伯人直接殺了過來，和猶太人扭打成一團。

接下來的幾十年裡，這個劇情反覆上演。這就是所謂的「中東戰爭」，前前後後打了五次。

以色列周邊的阿拉伯國家，基本上都參與了這場群毆，隨便從裡面挑一個，地盤都比以色列大得多，照理說應該能勝利才對……

兄弟撐住，我們來幫你一起扁他！

但是以色列特別能撐，幾個回合下來都沒被滅掉，反倒是阿拉伯國家愈打愈弱，後來都沒力氣去鬧事了。

等我感冒好了再來揍你！

隨時歡迎！下次記得多帶幾隻羊過來！

就這點本事還來找碴，簡直就是送福利嘛！

於是，猶太人不僅順利保住了他們的小小國家，還從阿拉伯人那裡搶了不少土地。

所以現在以色列的實際領土，比當年聯合國劃給他們的還要大上許多。

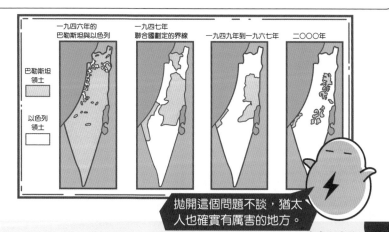

一九四六年的巴勒斯坦與以色列 ｜ 一九四七年聯合國劃定的界線 ｜ 一九四九年到一九六七年 ｜ 二〇〇〇年

巴勒斯坦領土

以色列領土

拋開這個問題不談，猶太人也確實有厲害的地方。

在不停打仗的同時，他們竟然還抽空把以色列建設成中東唯一的已開發國家。

灌溉技術

他們還用獨特的「滴灌技術」，把大片沙漠變成綠洲，種出的水果、糧食不僅能填飽自己的肚子，還能外銷到世界各地。

以色列的人口只有八百多萬，卻出現十個諾貝爾獎得主；以色列的人均學術論文數量，在全世界排名第一！

不好意思，今年的諾貝爾獎，我們又承包了！

這知識水準和很多大國相比，都不知高到哪裡去了。

當然，最重要的還是猶太人終於有了自己的家，可以安安心心膜拜耶和華了，不用再擔心遭受別人白眼。

哦！我的耶和華！再也不會有人來打擾我們了！

如今第二聖殿只剩下一面斷牆，但猶太人依舊會到牆邊向耶和華祈禱。

一看到這面斷牆，他們就會想起當年被欺負的經歷，以及近二千年的流浪之旅，然後傷心地嚎啕大哭，所以這面牆也叫「哭牆」。

對以色列人民
或猶太人來說，
開始新的生活很容易，
但心中深深的傷痕，
還需要漫長的歲月
才能將它撫平……

以色列篇·完

2

土耳其
Turkey

每個國家都有自己的歸屬，在美洲就是美洲國家，在歐洲就是歐洲國家，一般來說，這事沒什麼好糾結的。

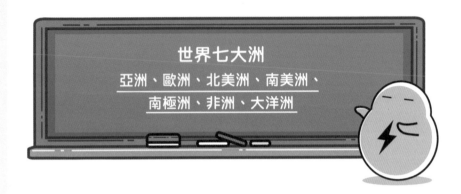

世界七大洲
亞洲、歐洲、北美洲、南美洲、
南極洲、非洲、大洋洲

當然也有例外。土耳其就屬於糾結自己身分的那種，他一直在思考自己到底是亞洲國家，還是歐洲國家。

亞洲的小朋友快上車喲！

還有沒有歐洲的小朋友？要開車了喲！

為什麼會這樣呢？首先必須說說土耳其的位置，正好處於亞歐大陸的交界地帶，大半國土在亞洲西部，一小部分在歐洲南部。

看來只能這樣回家了！

獨特的地理位置，給了土耳其人糾結自己身分的餘地，但這不是主要原因，他們和歐洲國家幾千年的恩怨情仇才是關鍵！

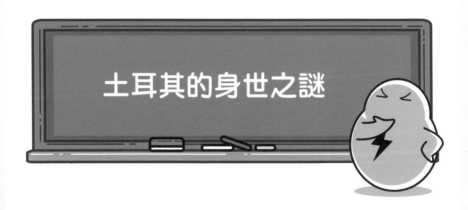

土耳其的身世之謎

最早的時候，土耳其這塊地被稱為「安納托利亞」，並非一個統一的國家，來自四面八方的人們，在這裡各占一塊地方生活著。

著名故事「木馬屠城記」中的特洛伊城，就是歐洲人在安納托利亞建起來的。

但歐洲人不滿足於只占一部分地方。西元前三三四年，來自歐洲的亞歷山大大帝，征服了整個安納托利亞，做為他龐大帝國的一個省。

但是亞歷山大大帝很快就去世了，他的帝國也四分五裂。在之後的幾百年裡，安納托利亞換了好幾次主人，其中最出名的要屬羅馬人。

羅馬人當家後，開始在這裡推廣歐洲語言和法律，用歐洲科技造出水渠、浴池，還建起了高高的歐式教堂，甚至連首都都搬了過來，叫做君士坦丁堡。

因為深受歐洲文明的影響，還叫「安納托利亞」時的土耳其，毫無疑問是歐洲的一部分，但接下來發生的事情，讓土耳其和歐洲漸行漸遠……

來自中亞的不速之客

西元十三世紀，從中亞跑來一群很能打的游牧民族，歐洲人和他們過招，竟然完全不是對手！

快回去吧！你是打不過歐洲人的！

幾場仗打下來，歐洲人全被趕走了，游牧民族在這裡建了個新國家，叫做「鄂圖曼帝國」，他便是今天土耳其的前身。

這幫游牧民族和歐洲人最大的區別是信仰不同，歐洲人信奉基督教，而游牧民族們信奉的卻是伊斯蘭教！

對當時的歐洲人來說，丟地事小，但土耳其落到不同信仰者的手裡，那就是不能忍的大事了，所以在接下來的幾百年裡，很多歐洲國家組隊去攻打鄂圖曼帝國。

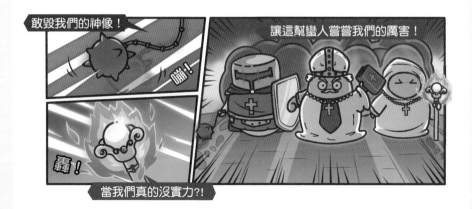

但歐洲人嚴重高估自己的戰鬥力，結果被鄂圖曼吊起來揍，一平方公尺的地都沒搶回來，反而把老家都給丟了。

極盛時期的鄂圖曼帝國疆域，已經超過五五〇萬平方公里，橫跨亞、歐、非三大洲，半個地中海都相當於他家的池塘，是世界上最強的國家之一。

我剛才聽到你喊歐洲人老鄉了！是不是？

如果這時你說鄂圖曼帝國是歐洲國家，鄂圖曼人一定氣得抄傢伙扁你！把鄂圖曼帝國和歐洲那幫弱旅混為一談，對他來說簡直是種侮辱。

唔唔唔！

歐洲人見識過鄂圖曼帝國的強大後，也沒了再去找碴的勇氣，所以土耳其那塊土地在他們心中已經默認為不屬於歐洲了。

哎，最近那幫歐洲人怎麼不來打我了？好無聊啊！

可……可能他們已經放棄這塊土地了吧！

但人太強就容易不思進取,一時春風得意的鄂圖曼人既沒想著怎麼做生意多賺錢,也沒想著怎麼開發更厲害的武器,竟開了幾百年的小差。

而歐洲人那邊,一股勁派船出去找新大陸,搶來很多金銀財寶,再用這些錢開發洋槍、洋炮,實力一點一點趕上了鄂圖曼帝國。

「修煉出關」的歐洲人,第一件事就是找鄂圖曼人尋仇。十七世紀末,歐洲聯軍輕鬆擊潰鄂圖曼軍隊,攻占了大片土地,揭開了肢解鄂圖曼帝國的序幕。

此後鄂圖曼帝國和歐洲國家幹架，不管單挑還是群架，都是輸多勝少，又割地又賠款的，祖宗打下的江山，三分之二都丟掉了，國力日漸衰微。

這次是要單挑，還是群架啊？

連續挨了幾輪耳光後，鄂圖曼帝國終於被打醒了，意識到自己已經是個廢物，而歐洲國家都是惹不起的大老。

今天真是賺翻了！明天繼續啊！

我何時受過這樣的屈辱……

忍住啊，老大！現在的你就只是個小弟！

於是他果斷決定向歐洲學習，搞一堆洋槍、洋炮，建現代化工廠，有點像清末的洋務運動。

不就是大炮嘛！我自己也能造！

在大部分歐洲國家眼裡，鄂圖曼帝國這種行為也就只算是東施效顰，私底下還幫他取了個「西亞病夫」的綽號。

預備……發射！

嘣

噗！這也叫大炮？病夫山炮吧？

哈哈哈！炸魚呢？

但鄂圖曼帝國自我感覺良好，為了證明自己的實力，他和德國結為盟友，參加了第一次世界大戰，正面挑戰英、法等歐洲強國。

事實證明，鄂圖曼帝國選錯隊了，最後和德國一起淪為戰敗國，戰勝國決定趕盡殺絕，把鄂圖曼帝國一次瓜分掉。

為了保住自己最後的一點地盤，鄂圖曼軍人和老百姓奮起反抗，史稱「土耳其獨立戰爭」。

經過幾年的血戰，總算從列強嘴裡奪回幾塊地，他們在殘存的領土上，建立了土耳其共和國。

共和國的首位總統名叫凱末爾，他分析出鄂圖曼戰敗的原因，向歐洲學習並沒有錯，錯就錯在沒學徹底，不僅要學技術，還要學制度。

凱末爾效仿歐洲民主國家，建立議會和選舉制度，廢掉了鄂圖曼帝國的皇室。

滾吧！這裡不需要你這種廢物！

凱末爾還到處推薦西式服裝，禁止人們穿宗教服飾，想淡化這個國家的宗教色彩。

我跟你說，穿上西裝，馬上就變帥，女孩子看到你都想尖叫！

滋滋～

道理我都懂，就是想問……你不熱嗎？

經過凱末爾和之後幾任總統的努力，土耳其的政治、文化全面向歐洲靠攏，這時的土耳其，是真心想融入歐洲，成為一流強國。你要說土耳其是亞洲國家，土耳其人心裡絕對不爽。

咳咳……古德莫寧！

看來我愈來愈像一個正統的歐洲紳士了！

對於土耳其的這種表現，歐洲人表示很好，他們和美國建立了對付蘇聯的軍事同盟，叫做「北約」，要土耳其也加入進來。

土耳其是蘇聯的鄰居，本來不是很想招惹蘇聯，但想想能和歐洲建立好關係，心一橫就加了進去。歐洲人立刻眉開眼笑，拍著土耳其的肩膀說：「以後就是自家兄弟了。」

但歐洲人的表現一點都不夠兄弟，他們開了個財富群，叫做「歐盟」，平時大家就在這裡商量賺錢大計，分享創業金點子。

土耳其想進入群組，但歐洲國家老是說他不夠格，一會兒嫌土耳其不夠民主，一會兒又開始扯人權問題，意思就是土耳其離「歐洲文明人」還有差距。

中東和南亞　53

為了變成歐盟喜歡的「文明人」，土耳其進行多次改革，連死刑都廢除了！

但歐盟還是不讓他進群，一拖就是三十年……說到底，上面那些問題都是藉口，觀念和文化的差異才是歐盟拒絕土耳其的真正原因。土耳其近八千萬國民中，有96.5%都信仰伊斯蘭教，而歐洲國家大多信仰基督教，心理上還是沒辦法接受土耳其。

土耳其總算看清真相，歐洲國家從沒把他們當作自己人，只是想把他們當槍使，所以土耳其也不再討好歐洲國家。

不要傷心，吃一口蛋糕吧！

沒有他們，我們還不是一樣很開心嗎？

近幾年，土耳其和歐洲的關係以肉眼可見的速度惡化，歐洲不想讓他做什麼，土耳其就偏要做什麼！

喲！這不是其其賣嗎？去哪裡？要不要哥送你一程？

哼！要你管！

例如說歐洲人討厭俄羅斯，他就和俄羅斯關係愈來愈親密；又例如歐洲人不想看到難民，他就打開大門，讓難民借道進入歐洲……

哎喲！你說你來就來，帶什麼禮物嘛！我們裡面談！

就知道你小子有隱情！

可能土耳其終於想明白了，
無論是國家還是個人，
歸屬不是最重要的，
活出自我才最重要！

難民們！朝著你們幸福的方向前進吧！

土耳其篇·完

3

伊拉克
Iraq

如果國家有名片，中國的名片上肯定印著金光閃閃的一行字——四大文明古國之一。四大文明古國分別指的是：中國、古印度、古埃及和古巴比倫。

大家都知道中國、印度和埃及，但巴比倫這個國家在哪裡？估計大家就答不出來了。

其實古巴比倫王國早就毀滅了，他腳下的土地經歷了漫長的歲月後，也不叫原來的名字，而是被稱為——伊拉克。

這裡已經不再有以前的輝煌了……

相信你聽到伊拉克，首先想到的肯定是戰爭與動亂，什麼海珊、恐怖主義、土製炸彈、炮火連天、斷垣殘壁……

同樣的地方，前人能建設成文明古國，後人就能折騰成血肉橫飛的戰場。

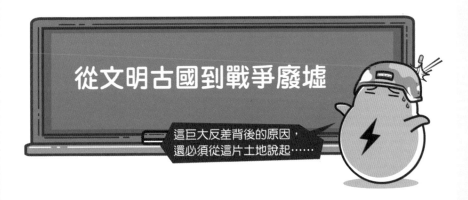

古巴比倫所在的地方叫做美索不達米亞平原，那個地方沙漠居多，雖然附近有波斯灣，但鹹鹹的海水既不能喝，也不能用來灌溉。

還好有兩條大河流經這裡，他們是鼎鼎有名的幼發拉底河和底格里斯河。

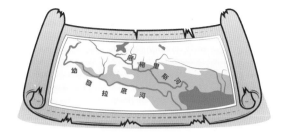

這兩條河流過的區域形成了肥沃的土地，和周圍乾旱炎熱的大沙漠相比，簡直一個天上，一個地下！

所以附近的人紛紛跑到兩河流域定居，久而久之，這裡就形成了一個空前強大的國家，也就是古巴比倫王國。

中東和南亞　　63

在其他地區的人還過著吃了
上頓沒下頓的生活時，衣食
無憂的古巴比倫人已經玩起
了發明，世界上最早的文字
之一——楔形文字，就是他
們的作品。

楔形文字和中國的甲骨文一樣，是在玩你畫我猜的時候，靈光一閃發明出來
的東西，簡言之就是將圖形簡化成文字。

有了文字，總得寫點什麼東西才好，不然向誰炫耀？於是古巴比倫國王漢摩
拉比又做出了世界第一部用文字記下來的法律——《漢摩拉比法典》。

古巴比倫人不僅文科玩得好，理科也不差，尤其在數學方面，幾千年前他們就會解一元二次方程式了。

但是古巴比倫人沉迷學習而無法自拔，忘記這個世界除了文科、理科，還有一種東西叫軍事，所以古巴比倫經常被周圍的蠻族入侵。

後來一個叫亞述的國家，最終打趴古巴倫，統治了這裡，但亞述人特別殘暴，他們經常燒毀一整個城鎮，再把老百姓抓起來折磨。

曾經有個亞述國王，在位期間燒毀了七十五座城鎮，搶走所有的財寶，把居民都抓來做奴隸，簡直比蝗蟲還恐怖！

但是老百姓都被殺掉了,誰來建設國家呢?所以這種殘暴的政策,讓表面凶悍的亞述國,內部愈來愈空虛……

後來各地的平民看準機會,爆發了一次起義,成功推翻亞述國,建立了新巴比倫王國。

聞名世界的巴比倫空中
花園，就是在這個時期
建造的。

據說空中花園是新巴比倫的一位國王，為了討王后的歡心而按照她家鄉的風
格建造的，不僅每一層都是花花草草，還可以自動澆水、灌溉，無須打理。

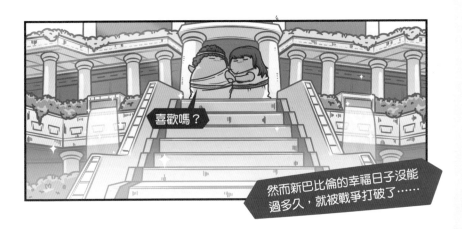

喜歡嗎？

然而新巴比倫的幸福日子沒能
過多久，就被戰爭打破了……

因為新巴比倫所在的位置剛好是亞歐非三洲的交界處，許多大國想要開發跨洲的領土，就得先從巴比倫身上踩過去。

後來新巴比倫王國就消亡在戰火之中了，而那幾千年裡，這片土地一直被強國爭來搶去，換主人比換衣服還快。

伊拉克

直到「一戰」和「二戰」爆發，歐洲各國亂成一鍋粥，才慢慢失去對這裡的掌控，於是當地人趁機獨立，於一九五八年建立伊拉克共和國。

很多國家剛獨立時都是家貧如洗，食不果腹，但伊拉克完全不同，剛建國就撿了個大便宜，天賜禮物直接讓他們晉升土豪。

這份禮物就是埋在伊拉克地底下的石油，而且儲量在全球名列前茅，讓伊拉克瞬間獲得「油皇帝」的稱號。

如果好好發展下去，現在的伊拉克應該像某些中東土豪國家，建起了金碧輝煌的大都市，滿街都是跑車。

可惜伊拉克沒有這個命，因為一個靠政變上臺的總統將帶給這個國家幾十年的波折，他就是薩達姆·海珊。

海珊上臺後實行了恐怖的獨裁統治，想要控制老百姓的思想。他曾經在一次選舉中，把沒投票給他的人全都抓出來殺掉。

一個對同胞都如此冷酷的人，對外人更是凶殘，他腦袋裡整天都在想用武力統一整個中東，然後利用石油資源讓西方國家俯首稱臣。

一九八〇年，伊拉克對同在中東的伊朗下手，「兩伊戰爭」爆發。這場仗一直打了八年，難分勝負，最後還是在聯合國的調解下才停手。

漫長的兩伊戰爭讓本來富有的伊拉克變得負債累累，把家裡的石油全都賣掉也填補不了戰爭的巨大開支，於是海珊就打起了別人家家產的主意。

老大！國庫空虛了怎麼辦？

沒事！我們去那邊借一點！

海珊派兵侵略隔壁的小國科威特，雖然科威特沒有什麼抵抗能力，但這次聯合國也看不下去了，過來主持公道，海扁了伊拉克一頓。

老大！聯合國的人來了，我們撐不了多久！

可惡！這群多管閒事的老東西！撤！

兩場戰爭之後，海珊不但沒有吸取教訓，內心反而更加憎恨美國等國家了。「九一一恐怖攻擊」之後，他很囂張地挑釁說美國人是罪有應得，這也讓他和美國結下了梁子。

得知這件事情後，我本人是非常開心！

二〇〇三年，美軍漂洋過海來看海珊，打了一場伊拉克戰爭，這場戰爭以海珊被絞死而結束。

這下你就可以永遠開心了。

暴君雖然死了，但伊拉克的悲慘生活還遠遠沒有結束，因為在美軍撤走後，惡名昭彰的恐怖組織ISIS乘虛而入，控制了伊拉克的大片土地。現在的伊拉克，說是恐怖分子的老巢都不過分。

不想死就滾遠一點！以後這裡是我們的了！

回想幾千年前，這裡名為巴比倫，是世界上最輝煌的文明發源地之一，那時的人們能玩出連神都震驚的奇觀。

怎麼會變成這樣？

一切都回不去了嗎？

但接二連三的戰爭，
已經讓這裡變得千瘡百孔，
對於現在的伊拉克而言，
別說回到過去的輝煌時期了，
就連短暫的和平都變成一種奢侈。

伊拉克篇・完

往事知多少？
小樓昨夜又東風，
故國不堪回首月明中。

4

沙烏地
阿拉伯
Saudi Arabia

世界上有錢的國家很多，但大家的錢都是辛辛苦苦賺來的，花起來自然也很心疼。

只有某些土豪國家，錢像是從地裡冒出來的，天天找理由撒錢，各種花式炫富，沙烏地阿拉伯就是其中之一。

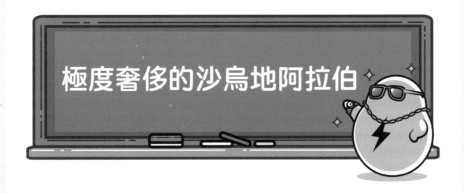

極度奢侈的沙烏地阿拉伯

大家應該聽過不少沙烏地阿拉伯土豪的傳說，例如吃一頓飯花幾萬美元，養獅子、豹子當寵物，鑽石是一打一打買，開的跑車要全身鍍金……

沙烏地阿拉伯國王在炫富這件事上也非常「以身作則」。二〇一七年，他到亞洲訪問了一圈，帶了一千五百個隨從，五百噸重的行李，動用了數十架私人飛機……

中東和南亞

沙烏地阿拉伯

什麼訂製版豪華防彈轎車，各種金銀餐具，全都帶上了，甚至運來兩部鍍金的電梯，下飛機時就閃瞎大家的眼。

沙烏地阿拉伯炫富的自信是什麼呢？相信很多人都會脫口說出：「沙烏地阿拉伯有石油！」沒有錯，沙烏地阿拉伯是地球上最大的石油販子，全國總收入的75％都是石油賺來的，世界上已經發現的石油礦，有五分之一都在沙烏地阿拉伯。

但人類學會利用石油才短短幾百年，挖出石油致富之前的沙烏地阿拉伯，到底是什麼樣子呢？

沙烏地阿拉伯地處阿拉伯半島，95％的國土都是沙漠或半沙漠，只有很小一塊地是綠洲。沙烏地阿拉伯人的祖先阿拉伯人，大多都在沙漠裡搭帳篷，靠養羊、養駱駝為生。

為了在黃沙裡找點草做飼料，他們必須不停搬家，日子過得很辛酸，有時候為了占塊草多的地盤，部落之間還會大打出手。

然而除了內憂還有外患，由於沙烏地阿拉伯這塊地被亞、歐、非三大洲夾在中間，這就意味著三大洲的強國都可以過來欺侮你。

所以阿拉伯人也意識到，只
有團結才有出路。一個叫穆
罕默德的人率先領悟這個道
理，創辦了一個宗教來營造
團結，這個宗教就是大名鼎
鼎的伊斯蘭教。

穆罕默德聲稱，有天使向自己傳達了神的話語，要他帶領人們脫離苦難，走
向解脫，於是很多阿拉伯人都選擇追隨他，並尊稱他為「先知」。

你們現在願意加入我嗎？

我願意！

Yes, I do！

穆罕默德帶領信徒們艱苦征戰二十多年，終於在西元六三〇年，基本統一了阿拉伯半島，建立阿拉伯帝國，伊斯蘭教也名正言順地成為國教。

有了信仰的阿拉伯人開始把刀尖對準了國外，一個來自沙漠的「窮小子」，上演了一場逆襲大戰，居然把周邊國家一個個打得屁滾尿流。

西元八世紀，阿拉伯帝國的版圖橫跨三大洲，不僅包括沙烏地阿拉伯，連今天的敘利亞、伊朗、伊拉克等國家，都是阿拉伯帝國的囊中之物。

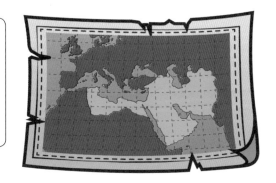

這個帝國並非空有龐大的版圖，他的存款也多到不行。因為地理位置好，東西方的商船都在這裡歇腳，替阿拉伯帝國帶來不計其數的財富。

阿拉伯帝國辦文化藝術也是好手,《一千零一夜》就是他的作品。帝國政府還鼓勵學者翻譯外文書,可以講哲學、科學或故事,只要翻譯出來,就可以得到和譯本一樣重的黃金。

四十年了,我終於翻譯完了,這下有錢娶媳婦了!

當時的阿拉伯帝國毫無疑問是非常繁榮輝煌,不少人都夢想著能住在那裡,而建立起這個偉大的國家,壓根兒沒有靠石油,全憑自己的雙手。

真是一個繁榮的國度啊!

但歷史就愛輪迴，唱著「團結就是力量」起家的阿拉伯人，後來卻為了爭誰才是正統繼承人，開始了自相殘殺的窩裡反……

和中國古代嫡長子繼承王位的制度不同，阿拉伯帝國的傳統是王位由家族裡最年長的男性繼承，也就是說，不管你的輩分，把年紀比你大的家人都殺掉，你就能上位。

哥哥別怪我，要怪就怪你年紀比我大吧！

結果阿拉伯帝國的貴族裡，大家都忙著內鬥，哪來的心思管理國事。於是帝國愈來愈弱，最終在西元十三世紀被外敵消滅。

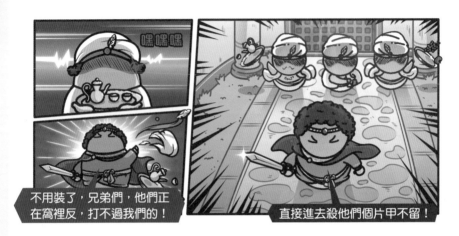

阿拉伯帝國滅亡後，阿拉伯半島再次四分五裂，部落間一邊互毆搶地盤，另一邊又時刻提防外敵來襲。

俗話說得好，亂世之中出梟雄，一個叫沙烏地阿拉伯的家族在戰火之中崛起，建立了沙烏地阿拉伯王國。

但這個家族的建國歷程很辛酸，兩次成立，兩次被滅國，國王都被拖出去砍過。不過好在沙烏地家族意志力強大，培養出一個叫伊本·沙烏地的高手。

伊本·沙烏地剛開始只有六十個士兵，他用了三十年的時間，把父輩丟掉的地盤全部搶回來了，堪稱東山再起的典範。

我們今天所說的沙烏地阿拉伯就是由他建立的，這個國家準確來說應該叫沙烏地阿拉伯第三王國。

伊本‧沙烏地不僅打仗厲害,辦建設也是一把好手。他派代表團去西方各國學習,開辦學校、聘請外教,狂修鐵路、公路。

這還沒完,伊本‧沙烏地的旺國光環在一九三八年最為耀眼,因為那一年沙烏地阿拉伯的沙漠中挖出了石油!

當時人類已經進入工業時代，平民坐的汽車、輪船，軍隊用的坦克、飛機，全世界到處都是「喝油機器」。

「手握石油，天下我有」馬上就成為沙烏地阿拉伯的真實寫照，全世界都跑來找他買油，世界第一大油販子就此誕生。

沙烏地阿拉伯靠著賣石油成為暴發戶，最賺的當然還是王室，王土之下挖出來的石油，當然歸國王所有。

不過沙烏地阿拉伯國王也不摳，該花在老百姓身上的還是要花，拿了很多錢給他們交社保、醫保，辦起各種養老院、孤兒院，福利水平堪比已開發國家。

摩天大樓和各種現代建築也在這片沙漠中拔地而起，和紐約、巴黎相比都不落下風。

沙烏地阿拉伯首都利雅德

石油不僅能夠換來錢，還給了沙烏地阿拉伯左右世界的能力，例如一九七三年，沙烏地阿拉伯就因為對西方國家不滿，聯合其他賣油的兄弟，暫停了石油的出口。

結果造成全世界第一次石油危機，其他國家的石油價格暴漲，老百姓叫苦連天，美國當年的GDP都下降了4.7％。

別看沙烏地阿拉伯表面風光，土豪也會有土豪的煩惱，因為國家全靠石油發財，相當於把雞蛋都放在一個籃子裡。

石油啊石油，我這土豪的
身分還能撐多久呀？

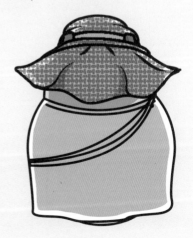

5

不丹
Bhutan

大家都知道龍是中國的圖騰。

中國人也喜歡自稱為「龍的傳人」。

不過這可不是中國的專利喔！世界上還有一個國家也認為自己是「龍的傳人」，就是中國十四個鄰國之一的不丹。

慢著！

「龍的傳人」不只你一個！

我也是「龍的傳人」！

不丹的國旗上就畫著一條龍，看上去很威風的樣子，連綽號也叫「雷龍之國」。

相較於美國、英國這種老熟人，大家對不丹可能完全沒印象，不知道具體位置在哪，也不知道有些什麼東西，就好像是住在山裡的隱士一樣神祕。

這是爾等凡人無法體會的！

不丹還真像個山中隱士，位於喜馬拉雅山脈東麓，國土面積很小，和中國的海南島差不多大，尤其不丹的旁邊就是印度和中國這兩個大國，更讓他顯得像隻小蟲子……

雖然小了點，但不丹和印度、中國一樣有著悠久的歷史，早在石器時代，這裡就有土著居住，只不過山區條件差，所以沒誕生什麼強國。

雖然現在的不丹人和這群土著其實沒有什麼關係……

誰才是不丹人的祖先？

不知道大家還記不記得西藏在古時候叫吐蕃。

西元七世紀，很多吐蕃人搬遷到不丹，趕走住在這裡的土著，從此定居下來，成了今天不丹人的祖先。

這也叫男人？

讓你們看看什麼是真正的男人！

被吐蕃人占領後，不丹深受藏傳佛教影響，蓋起了大大小小的寺廟，不丹人說的「宗卡語」，也是由藏語演變出來的。

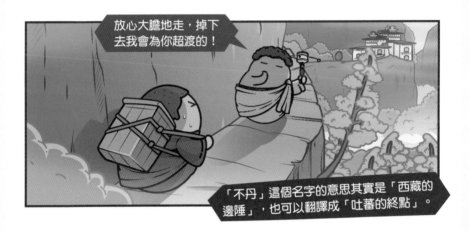

幾百年後，吐蕃歸順了元朝，不丹自然也跟著一起歸順，成了中國的一部分。從元朝到明朝，不丹都算是中國的一部分。

他們以龍為象徵，正是這時候從中國學去的，只不過中國規定皇帝才能用五爪金龍，不丹只能用三爪的龍，以此區分地位。

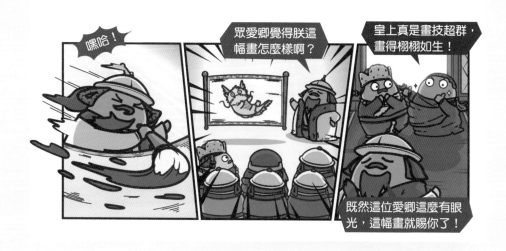

明朝末年比較亂，沒時間管理邊疆，一個叫阿旺朗傑的吐蕃僧人，趁機在不丹宣布建國。

我們剛剛說了，不丹之前屬於吐蕃，你要建國獨立出去，就算明朝政府沒空管，吐蕃肯定也不會答應。

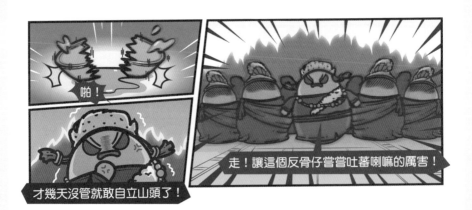

阿旺朗傑之所以有自信喊建國，是因為他傳教傳得好，有很多信眾都願意為了他而拚死戰鬥。

西元一六三四年，阿旺朗傑的信眾們成功擊退吐蕃軍隊，史稱五喇嘛之戰，這也是不丹的立國之戰。

保住新生的不丹國後，阿旺朗傑開始制定國家制度，他自封為「夏仲」，即漢語裡「法王」的意思，做為不丹的國家領導人兼宗教領袖。

他還規定不丹各地的官員，都要由僧侶擔任。在這種制度下，政治和宗教被綁定在一起，所以被稱為「不丹神權政府」。

在神權政府的治理下，不丹人可謂是相當虔誠，一心向佛，無欲無求，而且不丹這塊地，本身就沒有什麼資源、財寶，所以不丹人當年過的都是苦修僧般的生活。

不丹各個村鎮最好的房子一定是寺廟，其他的都破破爛爛。不丹的人們，哪怕飯都吃不飽，也要花時間敬佛和冥想，有時候一冥想就是二、三年。

有一次清朝皇帝叫他們進貢，不丹人在破兜裡摸來摸去，最後摸出一根象牙和幾批花布，價值還沒有送到北京的運費高，皇帝都被他們的「樸實」給逗笑了。

不丹

到了十八世紀，不丹南邊的印度被來自西方的英國併吞。印度雖然很大，但沒有英國人的胃口大，他們很快開始朝不丹方向擴張。

西元一八六四年，英國大舉入侵不丹。在英國人的安排下，一個叫烏顏・旺楚克的不丹官員，推翻了神權政府，建立新的不丹王國，史稱旺楚克王朝。

雖然不丹在名義上是王國，但其實就是英國的傀儡。英國人想在不丹砍棵樹或打個獵，隨時都能進來，而不丹想和其他國家交往，還得經過英國同意。

直到英國人承認放棄在南亞的所有殖民地，印度和不丹這對難兄難弟，才算是同時解脫了。

不
丹

本以為到了舉杯共慶自由的時刻，沒想到難兄印度轉頭就把難弟不丹壓在地上。

印度不僅繼承英國在不丹的所有特權，對不丹的大小事情也都要指手畫腳，更派軍隊駐紮在不丹，時刻提醒不丹人「要聽話」。

不丹的經濟命脈也一直被印度掐住，從機場、公路到發電廠都是由印度人興修，石油、煤氣全從印度進口，印度鈔票甚至直接能在不丹使用。

原來，印度與中國在邊境地區有領土爭議，而不丹剛好位於爭議地區附近，所以印度將不丹做為緩衝地帶。

被印度侵占的藏南地區

在印度的壓力下，不丹沒有和中國建交，也很少與其他大國往來，就窩在山溝溝裡，只和印度人打交道。

因為和外界沒什麼聯繫，所以不丹的各種古蹟、習俗都保存得很好，再加上雪山的美景，和繁華大都市一比，顯得非常「小清新」。

幾百年過去，不丹人依然無比虔誠，半輩子時間都在拜佛、念經，對很多被物欲困擾的人來說，他們的身影充滿魅力。

現在有很多旅行社都宣傳不丹是「世間最後的淨土」，關注演藝圈的朋友可能知道，很多明星都到不丹舉辦婚禮。

不丹

不過從另一個角度來看，不丹也深受自閉之苦。不丹是全球最晚開放電視和網路的國家，直到一九九九年才引入電視機，到現在也只能播放幾臺，人民對世界的了解少之又少。

師父，這臺一直都在下雪。我們還是看光碟吧！

你懂什麼！這是南極電視臺，肯定都是雪花啦！

不丹全國只有一個機場，沒有鐵路，交通運輸主要靠犛牛和騾馬，很多村莊連電線都沒搭，一到晚上只能點煤油燈，更別提什麼學校、醫院了。

師父，能再快一點嗎？我快趕不上飛機了。

施主放心，這騾子是村裡最快的了！

從數據上來看，不丹也是窮得嚇人。二○一七年不丹的GDP僅有二五‧二八億美元，是世界上最窮的國家之一。GDP僅有中國的五千分之一，國土與不丹差不多大的瑞士，GDP是他的二百七十倍。

但不丹貌似並不在意，不丹國王提出以後乾脆不看GDP了，他提出一個「國民幸福總值」的概念，用幸福感判斷不丹有沒有進步。

不丹

不丹國王所說的「國民幸福總值」，
具體來說就是：
人們拜佛、祈禱的頻率；
有沒有惡念；
每天過得快樂不快樂……

但提出這種標準，
到底是真心無欲無求，
還是為了遮醜呢？

不丹篇・完

6

巴基斯坦
Pakistan

巴基斯坦

要問世界上哪個國家和中國的友情最深，即使是對政治不感興趣的人，也知道是巴基斯坦。

中國的領導人到訪，巴基斯坦的大街小巷都貼滿了歌誦中巴友誼的海報，這也讓巴基斯坦得到了「巴鐵」的愛稱。

但西方人更喜歡把中巴稱為「最奇怪的夫妻」，他們完全無法理解這兩個國家是怎麼混熟的。

中國是社會主義國家，而巴基斯坦搞資本主義，還奉伊斯蘭教為國教，怎麼看都不會湊在一起聊天。

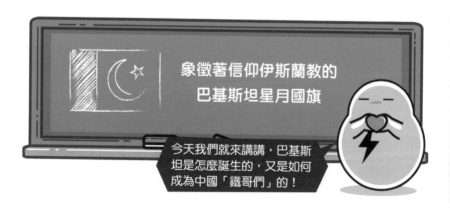

其實巴基斯坦是從印度分裂出去的，印度曾經是穆斯林和印度教徒共同的家園，但他們因為信仰不同，總是喜歡鬥嘴。

後來英國占領了印度，為了防止他們聯手造反，故意挑撥離間，這下他們的關係就更差了。

後來大英帝國日落西山，印度就趁機喊著要獨立。英國人雖然答應了，但印度人自己卻沒談攏。穆斯林希望在建國後能自己管自己，不受印度教徒的擺布，但印度教徒卻想獨掌大權。

我還沒走呢，這就打起來了？

由於雙方分歧太大，英國人就提出個方案，不如你們按照自己的信仰，分別建國好了，印度人糾結了很久，最後還是同意了。

你們兩個煩不煩！不能在一起，離婚不就好了嗎？

一九四七年，在真納的帶領下，穆斯林建立了「巴基斯坦伊斯蘭共和國」，正式和印度分道揚鑣。

巴基斯坦國父，穆罕默德·阿里·真納

中東和南亞　127

印巴分家之後，成千上萬還留在印度的穆斯林，就跑去新生的巴基斯坦；巴基斯坦國境內的印度教徒，自然也要搬家。

我們回自己的家了！

耶！

但他們在遷徙的路上，遭到了不同信仰者的襲擊和屠殺——反正都不是一國人了，新仇舊恨就一起算吧！據保守估計，這場屠殺造成了五十萬人喪命。

我就知道你們沒安好心！

很多有正義感的人都站出來制止這種行為，例如為印度獨立發光發熱的「聖雄」甘地，但是他很快被狂熱的印度教徒刺殺。他的死彷彿預告著印巴的未來將充滿著刀光劍影。

甘地

巴基斯坦分到的地盤比印度少太多了，還被切成了東西兩塊，相隔十萬八千里；至於工業和礦產，巴基斯坦只分到了10%，能工作的工人就更少了，只繼承了6.5％。

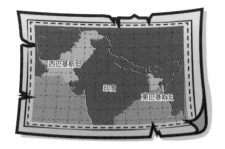

其他家產分得少，巴基斯坦都忍了，唯獨喀什米爾這個地區，印巴雙方都拽著不放手。

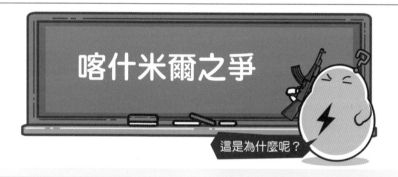

原因是喀什米爾住的大多是穆斯林，他們想加入巴基斯坦，但管事的卻是印度教徒，他們一心想投靠印度，雙方一言不合就大打出手。

巴基斯坦

印巴派了各自的軍隊去摻和這場街頭鬥毆，這下就直接升級為戰爭了！

雙方血戰了一年多，才在聯合國的調解下停手，這就是第一次印巴戰爭。雖然仗打完了，但喀什米爾的歸屬還是沒談好。

第一次印巴戰爭

巴基斯坦有預感，以後可能還要繼續和印度打。可是他的國力不如印度，因此毅然決定抱住美國等西方國家的大腿，想靠他們的援助打敗印度。

但當時西方和中國水火不容,所以在一九四九年中華人民共和國成立後,巴基斯坦雖然和中國建交,但關係也不算太好,屬於見面打招呼的點頭之交。

反倒是印度和中國打得比較火熱,印度總理尼赫魯還會高喊:「中印是親兄弟!」

中國從滿清末年亂到民國，印度就趁著不注意，在西藏吞了一大片領土！

中國政府本來準備和印度談判解決問題，沒想到這位「親兄弟」馬上變臉，打死不肯歸還領土，於是友誼的小船說翻就翻。

一九六二年，因為印度在邊境不斷挑釁，中國忍無可忍，派中國人民解放軍揍扁了他們一頓，史稱「中印邊境戰爭」。

本來就是鄰居，再加上大家共同的利益，中巴關係迅速升溫，簽了很多貿易協定，巴基斯坦還成為第一個和中國通航的非社會主義國家。

一九六五年，印巴因為喀什米爾問題，又爆發了戰爭，中國給予巴基斯坦很多援助。

第二次印巴戰爭

要知道當時中國也不算富有啊！所以巴基斯坦人非常感動，覺得中國這哥們兒真夠講義氣！

全給我了，你要怎麼辦呀？

都什麼時候了還說這些，你保命要緊！

巴基斯坦也很懂得投桃報李，幫了中國不少忙，例如當年中國和「老大哥」蘇聯交惡，還在東北幹了一架。

中國領土決不容侵犯

做為蘇聯死敵的美國，就想和中國聯手抗蘇，但當時中美沒有建交，連絡很不方便，必須找個人傳話才行。

全靠你了！一定要讓阿美收到啊！

咕咕咕……

哼，想找援軍？

巴基斯坦自告奮勇當了媒人，在中美之間各種牽線搭橋，這才有了後來的中美建交。

中哥，交給我吧！我一定把它交到美國手上！

小巴！

沙沙沙……

啪！

嗖！

一九七一年，在巴基斯坦等國的幫助下，中國取得了聯合國的席位。

我要在這裡特別感謝一下我的好兄弟！巴基斯坦！

巴基斯坦對中國這麼好，讓蘇聯氣到得不行，想要報復一下，於是蘇聯慫恿印度入侵東巴基斯坦，這就是第三次印巴戰爭。

第三次印巴戰爭

雖然這次中國也鼎力相助，但巴基斯坦還是戰敗了，失去了東巴基斯坦，於是東巴基斯坦就成了今天的孟加拉國。

丟掉了東巴基斯坦後，巴基斯坦差點哭成淚人兒。在中國的幫助下，巴基斯坦大興土木，建工廠、修公路，瘋狂幫自己練肌肉。

中國還帶著巴基斯坦一起研究各種武器，讓他能自力更生，打仗時不用求別人給武器。

中巴合造戰機

歷史上中國援助過不少國家，但他們大多不懂感恩！

好像被幫助是應該的

但事實證明，巴基斯坦是懂得感恩的。汶川大地震時，巴基斯坦很快就派出救援隊，還把全國的帳篷庫存都捐了過來。

兄弟，我是不是來晚了？快把帳篷送去給災民們吧！

謝謝你啊，兄弟！

巴基斯坦

巴基斯坦還規定任何人在境內搞什麼反華、分裂活動，都會因為「破壞中巴友誼罪」被抓。

中國發起「一帶一路」倡議，帶大家一起賺錢，巴基斯坦馬上舉雙手贊成；「南海仲裁案」鬧得沸沸揚揚時，巴基斯坦外交部也馬上發表聲明，支持中國的立場。

其實國家間的關係就和人與人之間的關係一樣，時間一長就容易變質，幾十年來，很多並肩戰鬥的老友，都可能變成窮凶極惡的敵人。

Fun 系列 062

國家是怎樣煉成的：
三分鐘看懂漫畫世界史【中東和南亞】

作　　者——賽雷
主　　編——邱憶伶
責任編輯——陳映儒
行銷企畫——陳毓雯
封面設計——李莉君
內頁設計——黃雅藍

董 事 長——趙政岷
出 版 者——時報文化出版企業股份有限公司
　　　　　108019臺北市和平西路三段240號3樓
　　　　　發行專線——（02）2306-6842
　　　　　讀者服務專線——0800-231-705・（02）2304-7103
　　　　　讀者服務傳真——（02）2304-6858
　　　　　郵撥——19344724時報文化出版公司
　　　　　信箱——10899臺北華江橋郵局第99信箱
時報悅讀網——http://www.readingtimes.com.tw
電子郵件信箱——newstudy@readingtimes.com.tw
時報出版愛讀者粉絲團——https://www.facebook.com/readingtimes.2
法律顧問——理律法律事務所　陳長文律師、李念祖律師
印　　刷——華展印刷有限公司
初版一刷——2019年8月30日
初版五刷——2023年12月5日
定　　價——新臺幣280元（缺頁或破損的書，請寄回更換）

時報文化出版公司成立於1975年，
並於1999年股票上櫃公開發行，於2008年脫離中時集團非屬旺中，
以「尊重智慧與創意的文化事業」為信念。

國家是怎樣煉成的：三分鐘看懂漫畫世界史.中東和南
亞/賽雷作.--初版.--臺北市：時報文化, 2019.08
　面；　公分.--（FUN 系列；62）
ISBN 978-957-13-7913-5（平裝）

1.世界史　2.漫畫

711　　　　　　　　　　　　　　　108012515

ISBN 978-957-13-7913-5
Printed in Taiwan